U0102842

慶祝西泠印社建社一百二十年

一衣帶水

二八樓篆刻與師友印存

今村光甫 編著

西泠印社出版社

一衣带水印谱

沈鹏签

蘭若玉潔

七村光甫同學屬

沙孟海年九十

習篆錢唐三十年書印刻畫
呈能未從東日中多承誼師
友棣集傳佳話

尤甫弟自扶桑來華游學及工作忽忽三
十餘載矣其學藝精進尤善鐵筆今
將自作印蛻及諸師友作品滙成一帙以記日
中交誼之情誠爲佳事也屬題小詩即正
癸卯秋月錢唐祝遂之於西湖古鐵齋

目録

二八樓師友印存

今村光甫篆刻

二八樓師友印存

川合東皋　藏舟于壑

今村光甫學弟屬
劉江刊

劉江　癸卯生人

劉江　光甫

韓天衡　西泠印社中人

介村光甫
先生正篆
壬午元衡

韓天衡　二八慶

川合東皐先生偶印之
正齋壬午立秋六儀契石
以楚簡入印似不
倍越三日立方又記
壬午白露遠今村光甫先生
携往東皐印社長遊泉水石
兼話賀若立盦六儀再記

韓天衡　東丘印社

今村米甫
仁弟賞
甲申七月

韓天衡　光父

韓天衡　山林之兔

癸未年秋西泠印社建社百年光甫兄載譽入社人生一快事也同道同社共勉共榮進德修業期不倦以印入終焉　甲申八月余正并記於西泠

余正　西泠印社中人

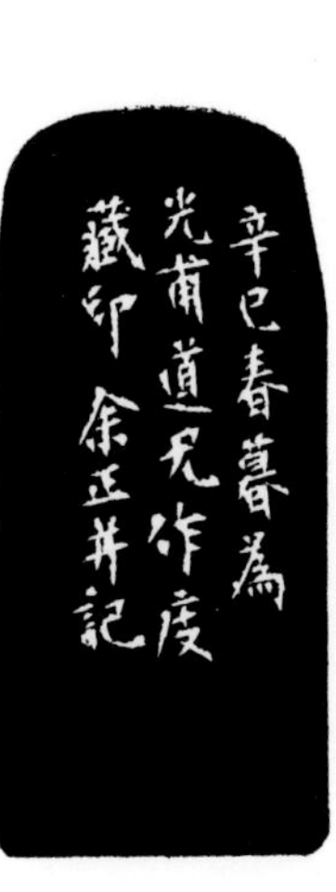
辛巳春暮為
光甫道兄作庋
藏印 余正并記

余正　光甫珍藏

今村
社長
屬刻
壬午嘉平月
余正於西泠

余正　東丘印社

光甫
社兄
生辰
印
甲申七月余正作

余正　　癸卯歲九月十九日生

光甫社兄
生辰之印
丙戌八月
余正作

余正　　癸卯歲九月十九日生

辛巳荷月
西泠余正作

余正　二八廔藏書

丙戌夏余正作

余正　山林之兔

朱復戡　春綠之璽（中島春綠藏）

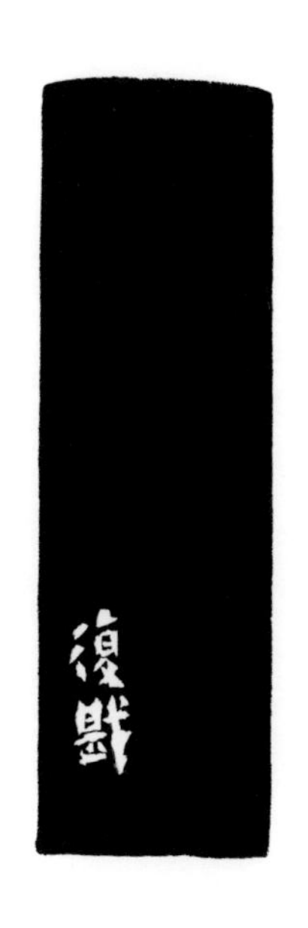
復戡

朱復戡　知遠室（中島春緑藏）

朱復戡　　中島春緑章（中島春緑藏）

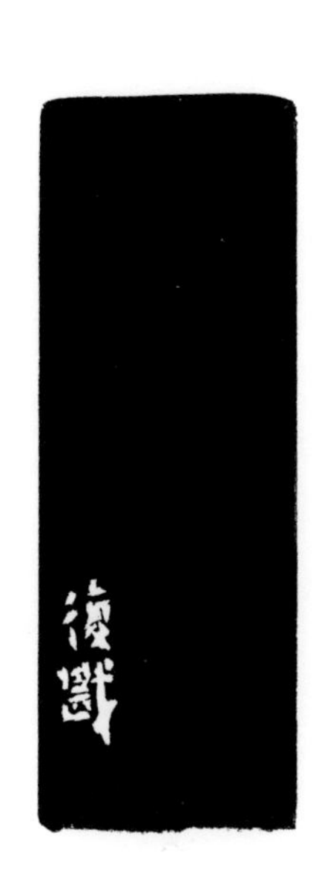
復戡

朱復戡　白龍堂（中島春緑藏）

歲次壬午之秋 老馬

馬士達　勢州今村光甫

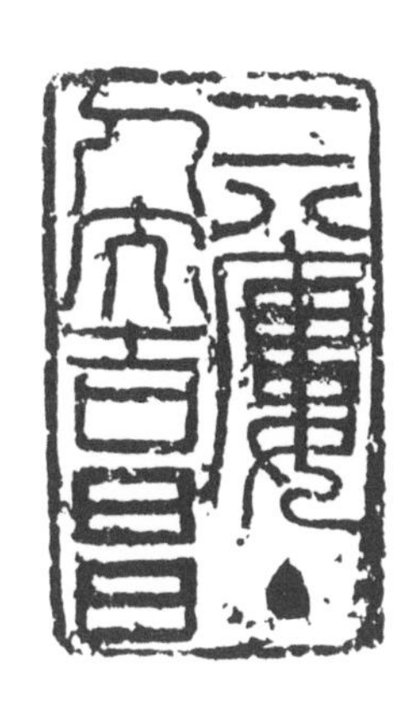

今村
光甫
先生
屬刻
庚辰

馬士達　　二八廔主人大吉昌

馬士達　今村光甫章

吾作印點畫不苟位置必安排
布置而審以即興隨機
劃之或可謂吾不以法
縛所重意趣而不欲受制於
法因法害意也
谷村先生有
壬午之秋老馬

馬士達　東丘印社

馬士達　今村私印

馬士達　光甫

馬士達　二八廋

此石有砂釘
刻來不易受刀
今村先生鑒
壬午中秋
六蓮記

馬士達　葡萄印室主人

馬士達　今村光甫之印

馬士達　心想事成

尾崎蒼石　君子安貧

尾崎蒼石　壽康

陳茗屋　光

童衍方　　二八樓

蘭藥師室之主
今刻印歸之
竹秀治石并記

童衍方　葡萄印室

劉一聞　今村光甫

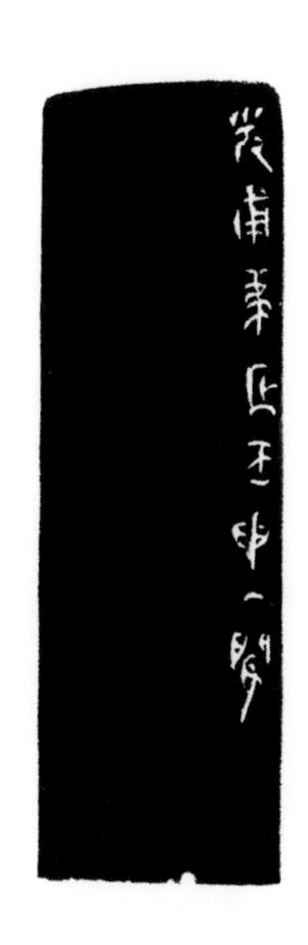

劉一聞

今村光甫章

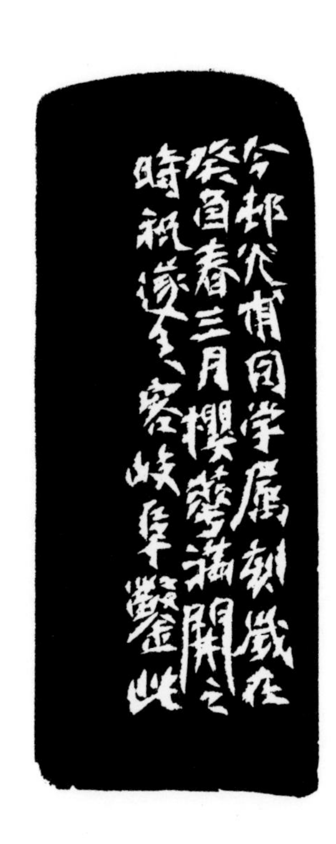
今都代有同学屬刻歲在
癸酉春三月櫻荂滿開之
時祝遂之客岐阜鑿此

祝遂之

伊勢今村光甫章

祝遂之　光甫

祝遂之　隨處樂

今邨先生自滬戌將歸
東瀛刻此留別 遂江

祝遂之　伊势人

東丘印社社印
癸未冬月祝遂之製

祝遂之　東丘印社

祝遂之　一日之迹（瓷印）

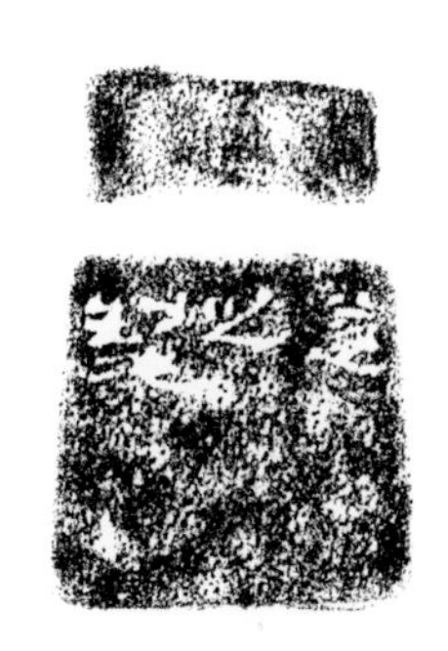

祝遂之　大道無門（陶印）

沃興華　今村

真鍋井蛙　光甫（木印）

真鍋井蛙　　今押（瓷印）

真鍋井蛙

兔（肖形陶印）

封（陶印）

今村光甫学棣
属刻 振濂

陳振濂　今村私印

陳振濂製

陳振濂　光甫

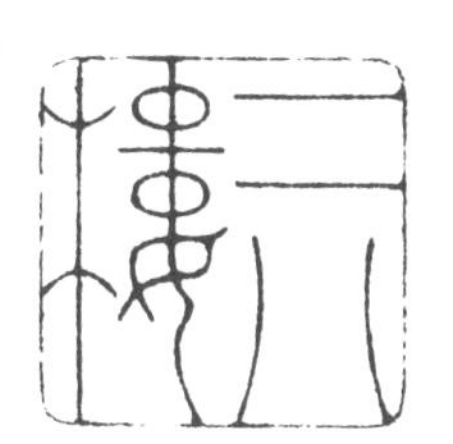

光甫道兄正印　大中

陳大中　二八樓

東丘印社

陳大中　東丘印社

陳大中　今村之印

陳大中　光甫大吉

庚午冬
縮海刊石
甲戌春重刻時客
北京成齋主人又記

鄒濤

夕陽依舊

王丹

申祐慶

王丹　光甫之璽（瓷印）

今村光甫

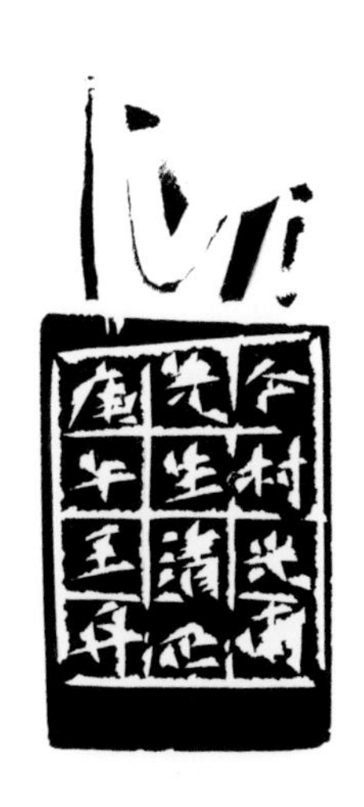

王丹　今村光甫

王丹　今村光甫之印

王丹　光甫之璽

光甫校長
法正庚午冬
苦齋王丹

王丹　光甫之印

王丹　　光甫長生日利印

王丹　今村光甫之印

申祜賡
光有道兄囑
治易盦王丹

王丹　申祐慶

徐慶華

今村私印·光甫之印

徐慶華　今村之印

徐慶華　弘麗

徐慶華　愛上層樓

林爾　別出新意

林爾　光父

光甫先生存正

和田大卿　光甫

今村先生正刻
白砥

白砥　今村私印

白砥刊於
浙江美術学院

白砥　光甫大利

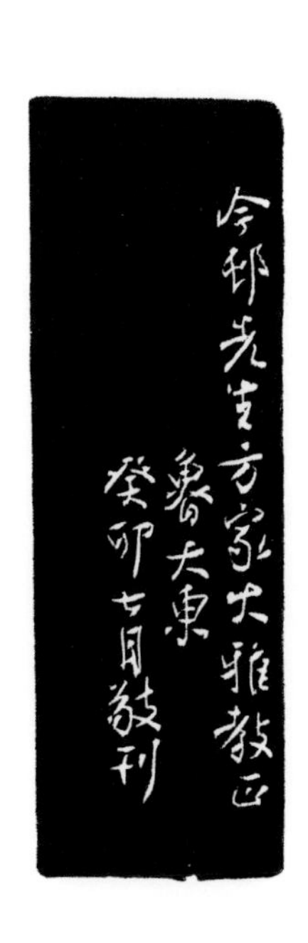
令邨先生方家大雅教正
魯大東
癸卯七月敬刊

魯大東　今村光甫

今村紫甫先生寫正 庚子沈鵬

沈飏　今村光甫

沈颺

今村光甫

仿秦印之癖為
令蚌先生作
戊戌秋月梁延晃

梁延亮　今村光甫

戊戌舊作奉
令邨老師雅正
謹齋梁

梁延亮　平安

擬戰國玉印鑿刻奉今邨老師雅教
壬寅冬杪
梁堅真

梁延亮　　光甫信璽

今村光甫篆刻

今村光甫之章

今村私印

今村光甫

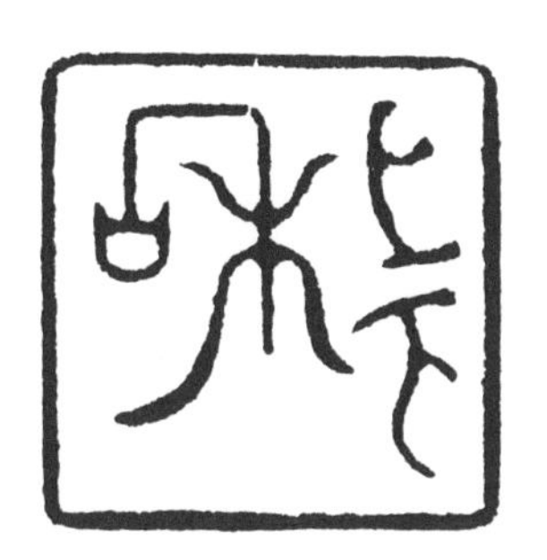

上下和

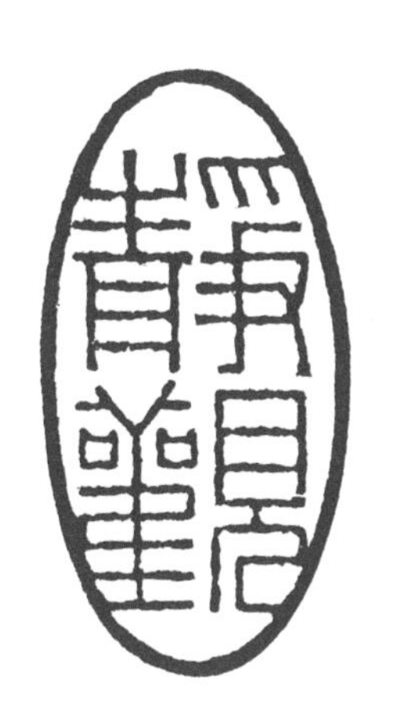

静觀

上善若水

平安

如蘭如雪
丙申二月 光甫刻

如蘭如雪

西大寺印

仁者壽

如意

人長壽

氣象萬千

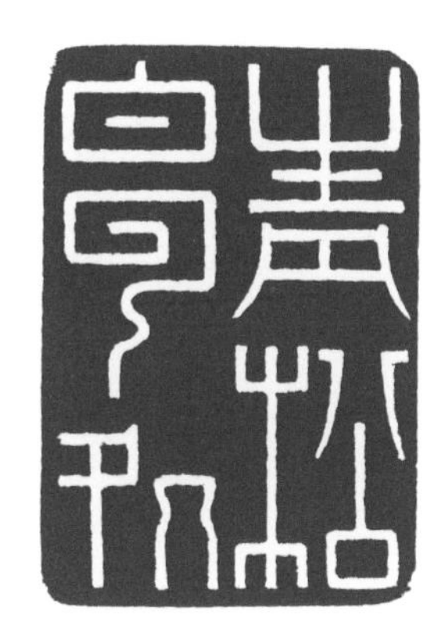

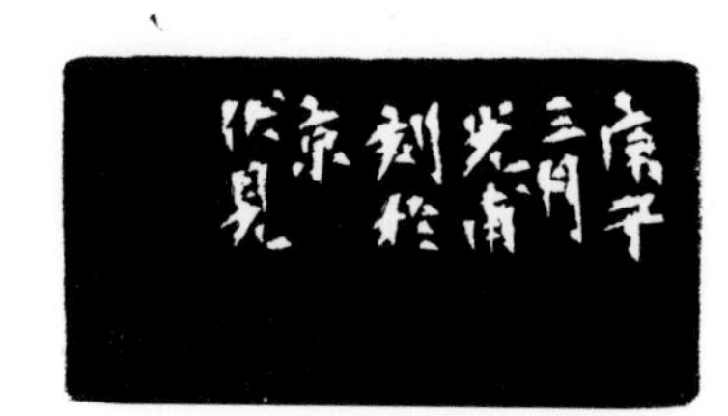
庚子三月光甫刻於京伏見

青松白雲處

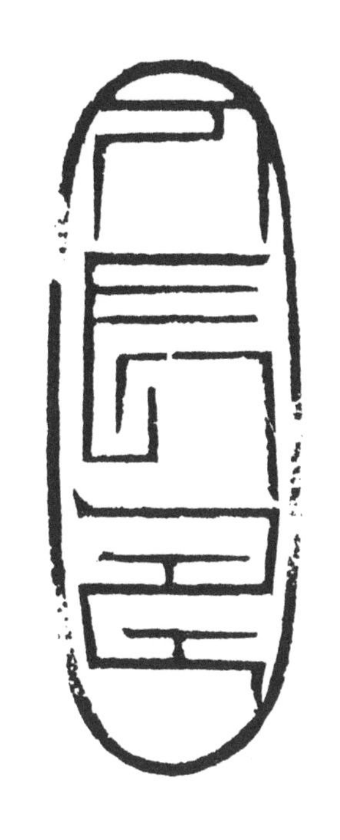

人長壽

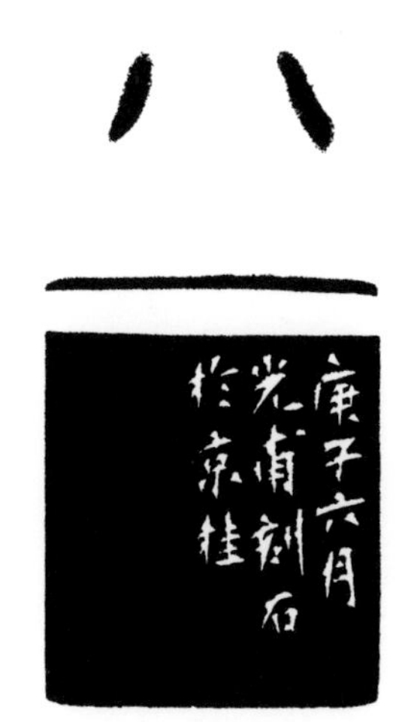
八一
庚子六月
光甫刻石
於京桂

在水一方

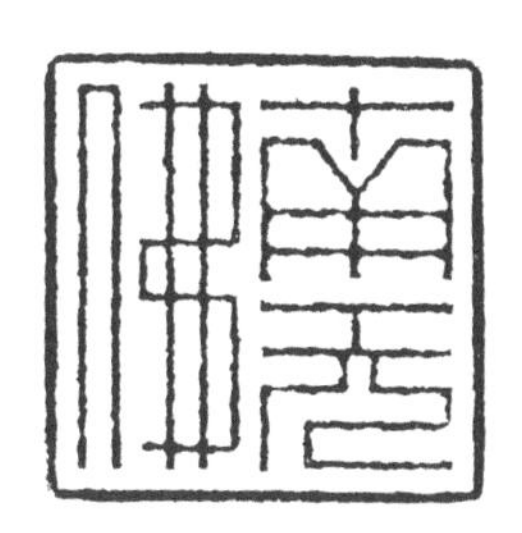

庚子八月
光甫刻石
於杭州

南無佛

停雲　　養耳

日有憙
庚子光甫刻

日有熹

延年益壽

山高水長 庚子 光甫

山高水長

光南刻於京都

養中

長生

庚子光甫刻

雲

庚子十月光甫胡

西泠中人

長樂未央

辛丑
六月
光甫
刻

無爲

慎獨

辛丑
六月
光甫
刻

庭前柏樹子

南無阿彌陀佛

南無阿彌陀佛

西泠中人

至道無難

至道無難

光甫

慶雲

吉祥如意

辛丑
六月
光甫
刻

有萬憙

劉江　謹齋

極慮專精

極慮專精

見黃翁刻印
此印癸卯三月
光甫刻

人生如寄

作者簡介

今村光甫，一九六三年（癸卯）生于日本三重縣伊勢市，西泠印社社員。畢業于日本大學文理學部中國文學科，留學于上海華東師範大學中文系、浙江美術學院（今中國美術學院）國畫系，回國後再修學于佛教大學文學部博物院學系、愛知大學大學院中國研究科。一九九〇年參加由西泠印社主辦的『全國印社篆刻聯展』；一九九八年參加『西泠印社首届國際篆刻書法作品大展』，獲得優秀獎，論文入選《西泠印社國際印學研討會論文集》；二〇〇二年參加『西泠印社第三届國際篆刻書法作品大展』，獲得西泠印社獎。二〇〇三年將新關欽哉《東西印章史》翻譯爲中文版，二〇一五年將余正《浙派篆刻賞析》翻譯爲日文版。

後記

余自幼時跟隨川合東臯先生習書，如今已過了半個世紀，我也到了花甲之年。我與中國師友緣分頗深，一九八七年在上海華東師範大學留學時，有幸師從韓天衡先生、劉一聞先生、沃興華先生。一九八九年進入浙江美術學院以後，又結識了劉江先生、祝遂之先生、陳振濂先生，以及陳大中兄、徐慶華兄、白砥兄、王丹兄等衆多友人。承蒙上蒼垂青，得以伏閣受讀。此外，能够在南京、蘇州、青島、重慶、嘉興等地游學二十多年，也讓我感念不已。其間先後在杭州結交余正先生及陳墨兄、桑建華兄，在上海幸遇童衍方先生、唐存才兄。已故的南京馬士達先生也對我厚愛有加。近年年輕的高水平篆刻者層出不窮，期待今後有更優秀的作品問世。值此歡慶西泠印社建社一百二十年之際，惶恐將一直關愛我的師友的作品及本人拙作編次成此《一衣帶水——二八樓篆刻與師友印存》付梓，以志慶賀。

二〇二三年秋記于京都　今村光甫

圖書在版編目（CIP）數據

一衣帶水：二八樓篆刻與師友印存 /（日）今村光甫編著. -- 杭州：西泠印社出版社，2023.12
ISBN 978-7-5508-4362-2

Ⅰ. ①一… Ⅱ. ①今… Ⅲ. ①漢字－印譜－日本－現代 Ⅳ. ① J292.47

中國國家版本館 CIP 數據核字（2023）第 241160 號

一衣帶水 二八樓篆刻與師友印存

今村光甫 編著

責任編輯 張月好 陳沐恩
責任出版 馮斌强
責任校對 吴樂文
特約編輯 謹齋（梁延亮）
篆刻鈐拓 謹齋（梁延亮）
裝幀設計 戎選伊
出版發行 西泠印社出版社
（杭州市西湖文化廣場三十二號五樓 郵政編碼 三一〇〇一四）
經　　銷 全國新華書店
製　　版 杭州集美文化藝術有限公司
印　　刷 浙江海虹彩色印務有限公司
開　　本 七八七毫米乘一〇九二毫米 十六開
字　　數 一一〇千
印　　張 十五點二五
印　　數 〇〇〇一—一〇〇〇
書　　號 ISBN 978-7-5508-4362-2
版　　次 二〇二三年十二月第一版 第一次印刷
定　　價 壹佰玖拾捌圓

西泠印社出版社發行部聯繫方式：（〇五七一）八七二四三〇七九